*Todas las maneras de ver*

# TIBURONES

## Jane Walker

EDELVIVES

# INTRODUCCIÓN

Quizá creas que los tiburones son peces muy peligrosos que atacan a otras especies acuáticas, incluso al hombre, pero no todos los tiburones son iguales. En este libro te contamos los distintos tipos que hay, dónde viven, cómo nadan, qué comen y otras muchas curiosidades. Además, te divertirás con el **concurso de tiburones** y descubrirás un montón de **hechos asombrosos.**

HP BR
J
QL638.9
.W3518
1996x

© Aladdin Books Ltd 1993

Edición española:
© Editorial Luis Vives.
Zaragoza, 1996
Traducción: Susana Vázquez

Depósito legal: Z. 1328-96
ISBN: 84-263-3453-9

Talleres gráficos: Edelvives
Tel. (976) 344100
Fax (976) 345971

Reservados todos los derechos
Impreso en España
*Printed in Spain*

# CONTENIDOS

TIPOS DE TIBURONES .................. 6
Nombres de tiburones
¿QUÉ ES UN TIBURÓN? ................ 6
Aerodinámica
¿DÓNDE VIVEN LOS TIBURONES? 8
Leyendas de las islas
VIDA DE TIBURONES .................... 10
Los amigos de los tiburones
ALIMENTACIÓN ........................... 12
Comida muy extraña
HUEVOS Y RECIÉN NACIDOS ....... 14
Bolsos de sirena
TIBURONES PELIGROSOS ............ 16
*¡Tiburón!*
TIBURONES INOFENSIVOS ........... 18
¿Qué es el camuflaje?
TIBURONES RAROS ..................... 20
Brillar en la oscuridad
PARIENTES DE LOS TIBURONES .. 22
Rayas con aguijón
EL HOMBRE Y EL TIBURÓN ......... 24
Enemigos de los tiburones
FAMILIAS DE TIBURONES ............ 26
CONCURSO DE TIBURONES ........ 28
MÁS HECHOS ASOMBROSOS ...... 30
GLOSARIO ................................... 31
ÍNDICE ........................................ 32

# TIPOS DE TIBURONES

Los tiburones son peces carnívoros que habitan en todos los mares. Hay más de 350 tipos de tiburones, desde el gigantesco tiburón ballena hasta tiburones minúsculos que caben en la palma de la mano. Aunque muchos de ellos son cazadores feroces, los más grandes, como el tiburón ballena y el peregrino, sólo comen plantas y pequeños organismos que arrastran las corrientes marinas.

**Tiburones pequeñitos**
Un tiburón enano, el tollo pigmeo, cuando es adulto sólo mide 15 centímetros. El tollo, el pitillo y la bruja son también tiburones pequeños.

*TIBURÓN LEOPARDO*

**Tiburones gigantes**
El tiburón ballena es el pez más grande que existe. Un adulto puede medir 13 metros y pesar más de 15 toneladas, el doble que un elefante africano.

*El TIBURÓN BALLENA más grande que se ha encontrado medía 13,70 metros de longitud.*

TIBURÓN BALLENA

### Nombres de tiburones

Hay tiburones que, por su aspecto, se llaman igual que otros animales, como el tiburón leopardo, el cocodrilo, el tigre, el cerdo, el zorro o el toro. El tiburón martillo se llama así por la forma de su cabeza. Otros, como la tintorera, el tiburón blanco, el tiburón limón, la pintarroja, el negrito o la negra, deben su nombre al color que tienen.

### Rápidos nadadores

El marrajo y el cailón tienen cuerpos suaves y escurridizos, y colas especialmente apropiadas para moverse por el agua a gran velocidad. El marrajo nada muy deprisa, y a veces salta fuera del agua.

MARRAJO

# ¿QUÉ ES UN TIBURÓN?

**Esqueleto**
Normalmente, los peces tienen esqueleto óseo; pero los tiburones no tienen huesos, sino un esqueleto cartilaginoso, duro y flexible. Los peces con espina ósea están dotados de una bolsa, la vejiga natatoria, para flotar en el agua. Los tiburones carecen de ella, y se ven obligados a nadar continuamente para no hundirse.

Los tiburones son unos de los animales marinos más fuertes y aterradores que existen. Los hay de diversas formas y tamaños. Muchos tienen cuerpos aerodinámicos para poder nadar mejor y más rápido. A diferencia de los peces con espinas, no tienen escamas; en su lugar les recubre una piel rugosa cubierta por unas puntas salientes muy duras llamadas dentículos.

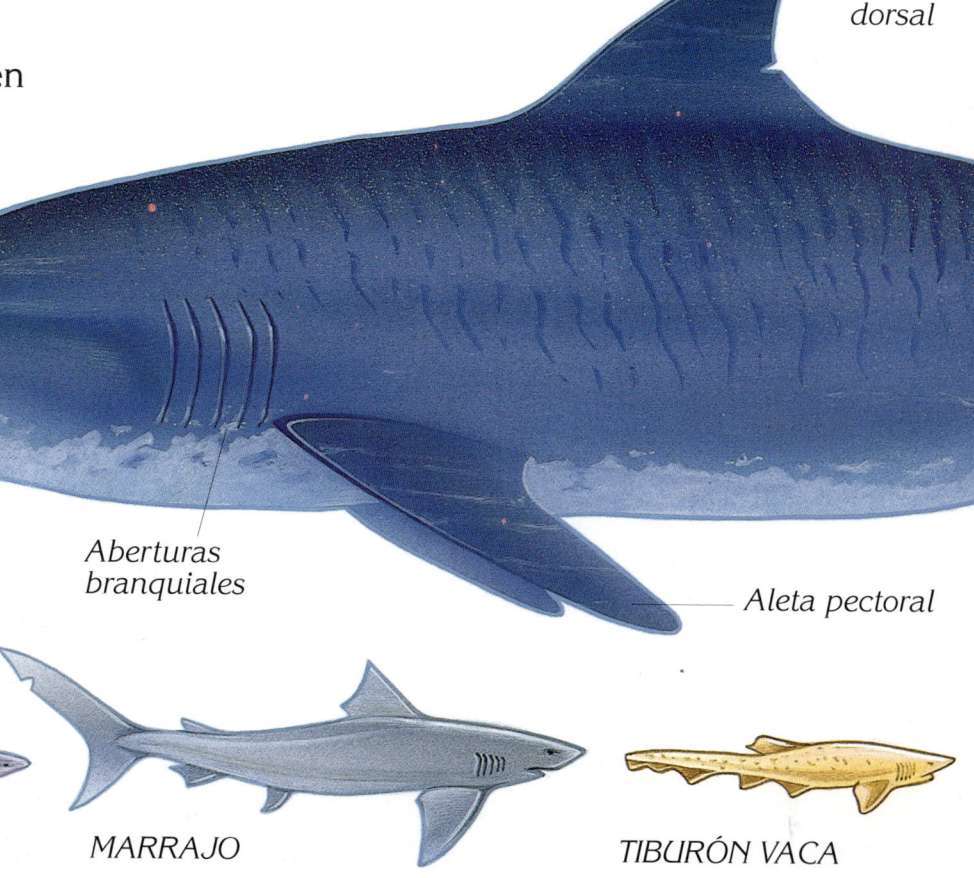

TIBURÓN TIGRE — *Primera dorsal*, *Aberturas branquiales*, *Aleta pectoral*

TIBURÓN DE CLAVOS    MARRAJO    TIBURÓN VACA

*El MARRAJO nada a una velocidad superior a los 50 kilómetros por hora.*

## Aletas

Casi todos los tiburones tienen dos pares de aletas, dos más en la espalda y otra pequeña en la parte inferior. La gran aleta triangular de la espalda (la aleta dorsal) es la que a veces asoma fuera del agua. El tiburón usa las aletas para guiarse y mantener el equilibrio cuando nada.

## Aerodinámica

La forma aerodinámica de los tiburones les sirve para nadar mejor. Su forma es redondeada y chata en la parte delantera, y puntiaguda en la trasera. Así se deslizan con más facilidad por el agua. Ahora, coge un cartón duro y dóblalo como en la ilustración inferior. Con otro haz un cilindro. Comprueba cuál de los dos se desliza mejor por el agua.

*Denticulos*

*Segunda dorsal*

*Aleta caudal*

## La cola del tiburón

Los tiburones mueven la cola hacia los lados para avanzar por el agua.

*Aleta anal*

*Aleta pelviana*

TIBURÓN CERDO ZORRO TIBURÓN CIEGO

7

# ¿DÓNDE VIVEN LOS TIBURONES?

Los tiburones viven en los mares y océanos de todo el mundo, desde el helado océano Ártico hasta las aguas tropicales de África. Hay tiburones en las profundidades del océano y cerca de la superficie marina. Los tiburones nodriza están junto a la costa, pero la mayoría vive mar adentro.

**Los grandes viajeros**
La tintorera recorre grandes distancias en las aguas cálidas y tropicales de los mares templados del Atlántico. Se han encontrado tintoreras del norte del Atlántico a más de 6.000 kilómetros de distancia, en las costas de Suramérica.

**Arriba y abajo**
El peregrino y el zorro son tiburones que nadan por la superficie para buscar comida. El tiburón nodriza y la cornuda gigante viven en el fondo del mar.
El tiburón globo pasa el día en las profundidades y caza por la noche. El tiburón martillo sale a la superficie en grupos de cien o más, antes de irse a otra parte del océano.

*El TIBURÓN DE NOCHE del Océano Pacífico puede vivir a más de 2.000 metros de profundidad.*

### Leyendas de las islas

En muchas islas del Pacífico se adora a los tiburones desde hace miles de años. En Nueva Guinea nadie caza tiburones, para no ofender a los dioses marinos. Los indígenas de Hawai adoran al rey tiburón, Kamo Hoa Lii. Los habitantes de otras islas del Pacífico creen que los espíritus de sus antepasados están en los tiburones.

*ESPÍRITU DEL MAR*

### Marcharse del mar

El jaquetón toro es un tiburón que, a veces, abandona el mar y se adentra en las aguas de los ríos y lagos. Se han encontrado ejemplares en lagos y ríos de América Central y Suramérica. También se han encontrado jaquetones toro en el río Zambezi, en África, a más de 200 kilómetros del mar.

# Vida de tiburones

Los tiburones ven, oyen, huelen, paladean y tocan, igual que los humanos. El tiburón martillo tiene buena vista, ve claramente en las profundidades, donde casi no hay luz. Ve todo lo que hay a su alrededor porque tiene los ojos en los extremos de su cabeza con forma de martillo. Los tiburones también tienen muy buen oído. Sólo captan sonidos graves, pero éstos se transmiten por el agua a gran velocidad.

*barbillones*

### En busca de alimento

El tiburón nodriza o la musola barbuda tienen unos bigotes, llamados barbillones, situados a cada lado de la nariz. Los utilizan para olfatear el camino cuando nadan por el fondo del mar en busca de comida.

### Un sexto sentido

Ambos lados del cuerpo del tiburón están recorridos, de cabeza a cola, por una línea sensorial. Se denomina línea lateral. Con ella detectan cualquier elemento en movimiento dentro del agua, un pez, un tiburón o su presa.

*Narina*

*Poros*

*Los pequeños orificios, o poros, en la piel de la cabeza de los tiburones, recogen las señales eléctricas de otros peces, así pueden buscar a sus presas.*

*Los tiburones tienen un TERCER PÁRPADO que les protege los ojos cuando muerden.*

LÍNEA LATERAL

10

*Un TIBURÓN BLANCO puede oler una sola gota de sangre disuelta en millones de litros de agua.*

## Sobrevivir

Como todos los animales, los tiburones necesitan oxígeno para vivir. Lo sacan del agua que les entra por la boca. Cuando el tiburón nada, el agua pasa por las branquias, situadas en la garganta. Las branquias extraen el oxígeno y expulsan el agua por las aberturas branquiales. Casi todos los tiburones tienen cinco pares de branquias. El angelote, que vive en el fondo del mar, extrae el oxígeno utilizando unos orificios que tiene en la parte superior de la cabeza.

## Los amigos de los tiburones

Unos peces, llamados rémoras, se pegan a la cabeza de los tiburones con unas ventosas especiales. Así viajan gratis, y a cambio se comen los parásitos del tiburón. Los peces guía también nadan junto a los tiburones. Antes se creía que estos peces rayados guiaban a los tiburones a los lugares donde había comida, pero parece que nadan con ellos buscando su protección.

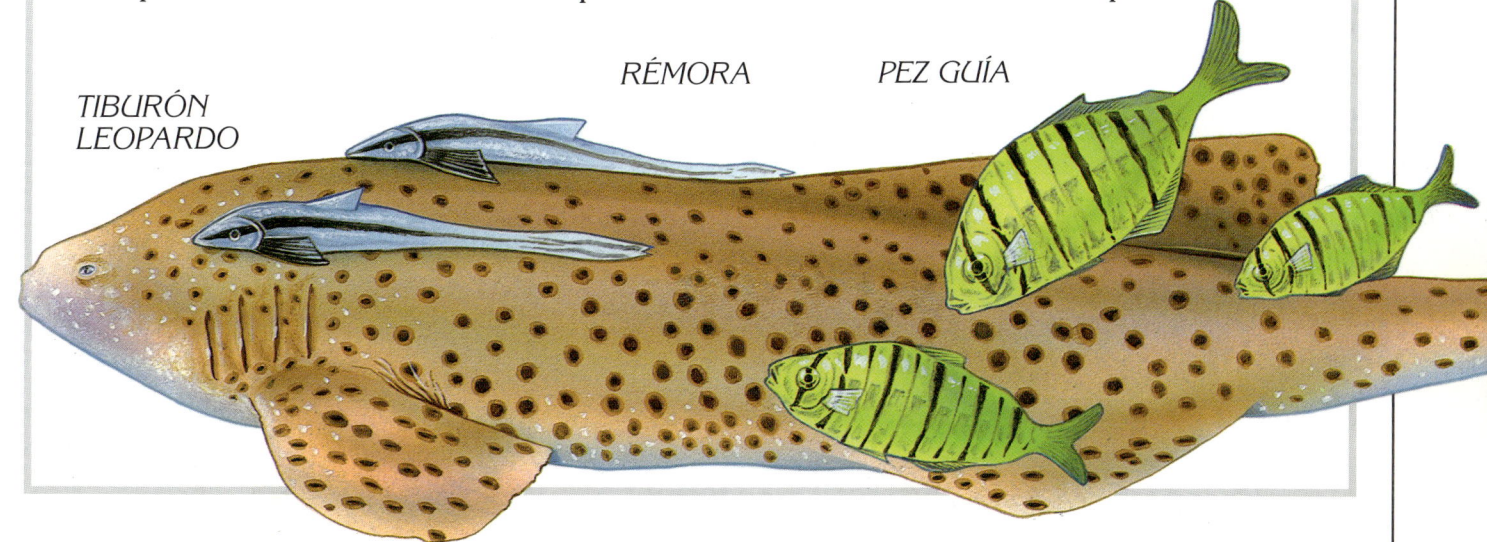

TIBURÓN LEOPARDO  RÉMORA  PEZ GUÍA

11

# ALIMENTACIÓN

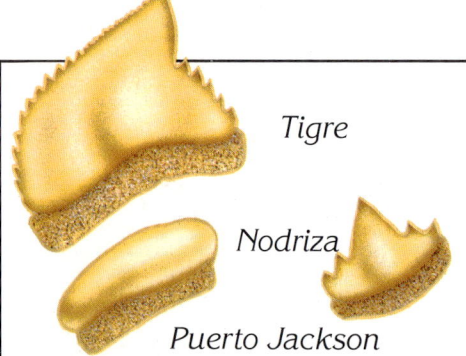
*Tigre*
*Nodriza*
*Puerto Jackson*

**Dientes**
Los tiburones tienen dientes distintos, dependiendo de lo que coman. Los del tiburón de Puerto Jackson son fuertes y planos para masticar el caparazón de los crustáceos. Los del tiburón tigre son afilados y aserrados para atacar y arrancar los trozos de comida.

*La mayoría de los tiburones tienen varias filas de dientes. Cuando se les rompen, les salen otros bien afilados.*

Casi todos los tiburones usan sus afilados dientes para comer peces u otros tiburones más pequeños. Pero los más grandes, como el tiburón ballena y el peregrino, tienen una dieta muy distinta a los demás. Sólo se alimentan de minúsculos animales y plantas, el plancton, que flotan en el mar.

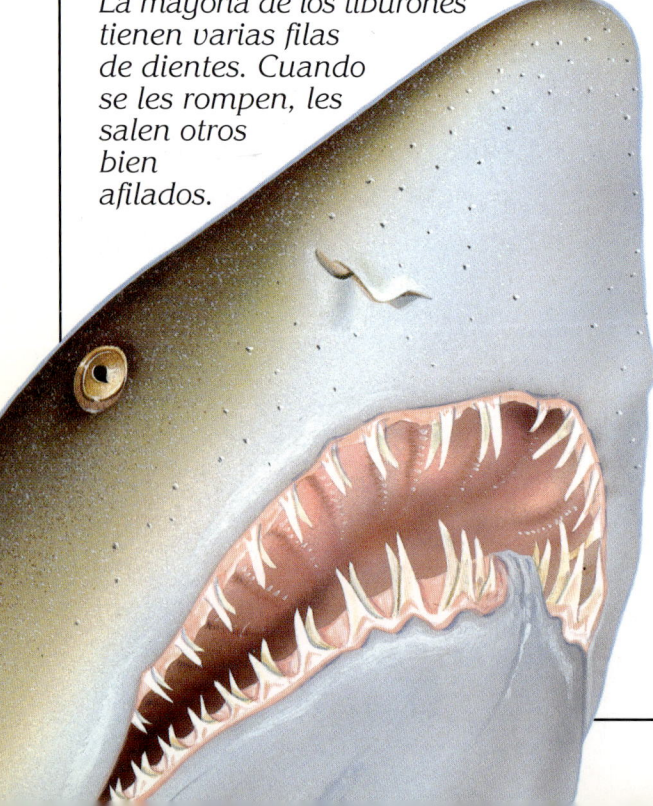

**Tiburones poderosos**
Cuando un tiburón muerde, saca los dientes y la mandíbula se retrae. Así puede agarrar mejor a la presa. Después sujeta a la víctima entre sus potentes mandíbulas para evitar que se escape. Aunque las mandíbulas del tiburón boquiancho miden más de un metro de anchura, este gigante sólo come gambas pequeñas.

*Un tiburón puede llegar a tener 3.000 DIENTES.*

## Alimentación filtrante

El tiburón ballena y el peregrino tragan bocanadas enormes de agua y la filtran para extraer el plancton. Este tipo de alimentación se denomina filtrante.

TIBURÓN BALLENA

*¿Qué hay de comida? El menú de los tiburones es muy variado, desde plancton hasta mamíferos como marsopas o leones marinos. Además de comer peces vivos, los tiburones grandes se alimentan de delfines, focas, tortugas y aves marinas.*

## Comida muy extraña

Al tiburón tigre también se le llama «el basurero marino». Además de comer serpientes marinas venenosas, tortugas con caparazón y medusas, se come la basura que tiran los barcos por la borda, o la que se adentra en el mar desde la costa.
En el estómago de los tiburones tigre se han encontrado latas, perros, carbón y hasta placas de matrículas.

ERIZO DE MAR

TORTUGA

MEDUSA

*Cuando los tiburones tienen «el frenesí de la comida» y huelen sangre pueden llegar a atacarse unos a otros.*

# Huevos y recién nacidos

La mayoría de los tiburones da a luz pequeñas crías. Los huevos maduran dentro del cuerpo de la madre y los tiburones nacen vivos. Pero otros tiburones, como la bruja, ponen huevos. Después, la madre se marcha, dejando que las crías crezcan hasta romper el cascarón.

**Encontrar pareja**
Algunos tiburones buscan pareja en zonas especiales de apareamiento. El macho del jaquetón de ley (arriba) corteja a la hembra rozando y mordisqueando sus aletas.

*Una CRÍA DE TIBURÓN GLOBO crece dentro del envoltorio del huevo, parecido al cuero.*

**Huevos**
Los huevos de tiburón que pone la madre están dentro de una envoltura resistente, similar al cuero. Los huevos de pintarroja suelen estar atados a las algas, para evitar que se los lleve la corriente. Los del tiburón de Puerto Jackson tienen forma de espiral y la hembra los esconde en las grietas de las rocas.

*Los huevos del TIBURÓN BALLENA pueden medir 30 centímetros de longitud.*

### Bolsos de sirena

Las sirenas han sido protagonistas de historias marinas durante siglos. La mitad superior de una sirena es mujer y la inferior es pez. La envoltura vacía de los huevos de tiburón que llegaba hasta las playas se denominaba bolso de sirena, por su extraña forma y su peculiar color.

*Huevo de PINTARROJA*

*Huevo de TIBURÓN DE PUERTO JACKSON*

### Vida joven

Hay tiburones que sólo tienen una o dos crías en cada camada. Otros, como el tiburón martillo, pueden tener hasta 40 crías de una sola vez. Cuando nacen los tiburones limón, se encuentran unidos a su madre por un cordón, igual que los niños.

TIBURÓN LIMÓN

# Tiburones peligrosos

De los 350 tipos de tiburones que conocemos, sólo 50 atacan al hombre, principalmente a los nadadores, *surfistas* y buceadores. Los científicos creen que los tiburones los confunden con focas o con peces grandes. El más peligroso de todos es el tiburón blanco. Este fiero y enérgico cazador puede medir más de 6 metros de largo y dispone de dientes grandes y aserrados.

**Estar a salvo**
Hay tiburones que nadan muy cerca de la orilla y atacan a los bañistas que nadan en aguas poco profundas.
En playas turísticas de Australia, Sudáfrica y la costa oeste de EE.UU. se protege a los bañistas con redes. Estas redes, hechas con mallas de acero o con cadenas, evitan que los tiburones se acerquen a la playa.

*En Sri Lanka se recurría a los ENCANTADORES DE SERPIENTES para alejar a los tiburones de los buscadores de perlas.*

## ¡Peligro!

Entre los tiburones peligrosos se encuentran el jaquetón toro, el tiburón tigre y el jaquetón de Galápagos. Cuando se pone violento, el jaquetón de Galápagos arquea la espalda y baja las aletas laterales. Ésta es la posición que adopta cuando va a atacar a una de sus víctimas.

*Cada año se producen unos 100 ATAQUES DE TIBURONES en todo el mundo. Muchas víctimas sobreviven sin graves lesiones, pero otras quedan seriamente heridas.*

## ¡Tiburón!

Millones de espectadores han visto una famosa película americana protagonizada por un enorme tiburón blanco. La película se estrenó en los años 70 y se titulaba *Tiburón*. Cuenta la historia de una tranquila playa turística en la costa estadounidense, que se ve aterrorizada por los ataques de un enorme tiburón blanco, que asesina a varios veraneantes.

# TIBURONES INOFENSIVOS

La mayoría de los tiburones son completamente inofensivos. De hecho, los más grandes, como el tiburón ballena y el peregrino, son bastante pacíficos. Hasta dejan que los buceadores se agarren a sus aletas y los acompañen nadando. Estos enormes tiburones disponen de un sistema de alimentación filtrante (ver página 13) y no tienen dientes afilados, a diferencia del peligroso tiburón blanco.

ANGELOTE

### En el fondo del mar

El tiburón nodriza (también denominado gata) vive en el fondo del mar, sólo se mueve para atrapar alguna sepia o para buscar peces bajo las rocas. Otros tiburones que viven en las profundidades, como el angelote, de cuerpo plano, también parecen inofensivos para el hombre.

MUSOLA PINTA

OLAYO

NODRIZA

*Los dientes del PEREGRINO son del mismo tamaño que las pipas de las uvas.*

*Un PEREGRINO lleva un buceador agarrado a su aleta.*

## Gigantes buenos

El peregrino nada normalmente por la superficie; allí es donde busca su alimento. Sin embargo, el tiburón ballena vive más alejado de la superficie y busca su comida en aguas profundas.

## ¿Qué es el camuflaje?

Camuflarse significa esconderse de la vista de los demás confundiéndose con el entorno. La piel moteada del angelote le ayuda a confundirse con la arena del fondo del mar. El tiburón globo traga bocanadas de agua o de aire y se esconde entre las rocas.

TIBURÓN GLOBO

# TIBURONES RAROS

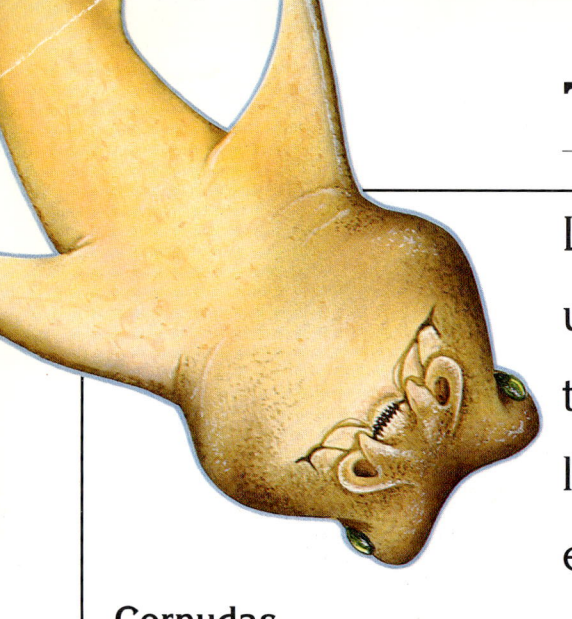

Los tiburones martillo, o cornudas, son una de las más curiosas familias de tiburones. Estos peces tan raros tienen los ojos y los orificios de la nariz en los extremos de los apéndices de la cabeza, parecida a un martillo. Otro tiburón extraño es el tiburón anguila, que tiene la piel arrugada detrás de la cabeza.

### Cornudas
El tiburón de Puerto Jackson (arriba) pertenece a la familia de las cornudas. Vive en las aguas templadas del océano Índico y del Pacífico. Tiene la cabeza cuadrada y los orificios de la nariz son muy grandes.

### Brillar en la oscuridad
El pequeño tollo lucero vive en las profundidades del océano, donde apenas hay luz. Su cuerpo brilla en la oscuridad del agua, a casi 2.000 metros de profundidad. La piel del tollo lucero tiene partes que reflejan la luz. Otros tiburones que brillan en la oscuridad son el pitillo y la bruja.

*El TIBURÓN GLOBO, cuando se asusta, se hincha hasta doblar su tamaño normal.*

## Tiburones extraños

Los científicos no saben casi nada de algunos tiburones, porque de ellos se han descubierto muy pocos ejemplares. Uno de los más extraños es el tiburón duende, que tiene en la cabeza un cuerno puntiagudo. En 1976 se descubrió en las costas de Hawai un nuevo tiburón, el boquiancho. Hasta ahora sólo se han visto 10 ejemplares de este enorme tiburón.

*EL extraño TIBURÓN DUENDE vive en aguas muy profundas.*

## Disfrazados

Casi todos los tiburones nodriza viven en el fondo de los océanos, en aguas templadas. Por ejemplo, el *Wobbegong*, o tiburón nodriza australiano, que vive en las costas de Australia y de Asia (Vietnam, China y Japón). *Wobbegong* es su nombre en la lengua aborigen australiana. Este tiburón se camufla muy bien. Las manchas y el color de su piel se confunden perfectamente con las rocas y los corales que lo rodean. Hasta los barbillones que tiene debajo de la boca se asemejan a las ramas de las algas.

TIBURÓN MARTILLO

*El TIBURÓN NODRIZA AUSTRALIANO se esconde fácilmente entre los corales y las algas del fondo del mar.*

# Parientes de los tiburones

*FÓSIL DE TIBURÓN*

### Antiguos tiburones

Los restos más antiguos de tiburones se han encontrado en EE.UU. Cuando murieron, sus cuerpos cayeron al fondo marino, donde capas de arena, barro y rocas los fueron cubriendo. Los restos enterrados de lo que hace miles de años fueron tiburones se denominan fósiles.

Los primeros tiburones vivieron hace aproximadamente 400 millones de años. Pero los actuales son más parecidos a los que surcaban los mares hace 65 millones de años. El tiburón gigante megalodón, que medía unos 13 metros de largo, vivió hace 20 millones de años. Es posible que todavía hubiera megalodones hace 12.000 años. Su pariente actual es el gran tiburón blanco.

*Uno de los antiguos tiburones más comunes, el CLADOSELACHE, vivió hace unos 350 millones de años.*

### Rayas voladoras

Las rayas mueven sus enormes aletas laterales, como si fueran alas, para nadar. En realidad, parece que estuvieran volando por el mar. Su alimentación es filtrante, como la del peregrino, porque comen plancton.

*En el fondo del océano Pacífico se han encontrado dientes de TIBURÓN MEGALODÓN que miden 12 centímetros de largo.*

## Primos de los tiburones

La raya, el torpedo y el pez sierra pertenecen al mismo grupo que los tiburones. Las rayas suelen vivir en el fondo del mar, mientras que el pez sierra puede encontrarse en las aguas dulces de ríos y lagos. La anchura de la raya es superior a su longitud. La raya gigante puede medir más de 6 metros de ancho.

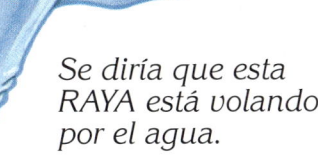

*Se diría que esta RAYA está volando por el agua.*

### Rayas con aguijón

Hay rayas que tienen aguijones. En realidad son espinas venenosas situadas en las aletas. Estas espinas tienen una especie de pelillos en los extremos. Con estos aguijones se defienden de enemigos como el tiburón martillo.

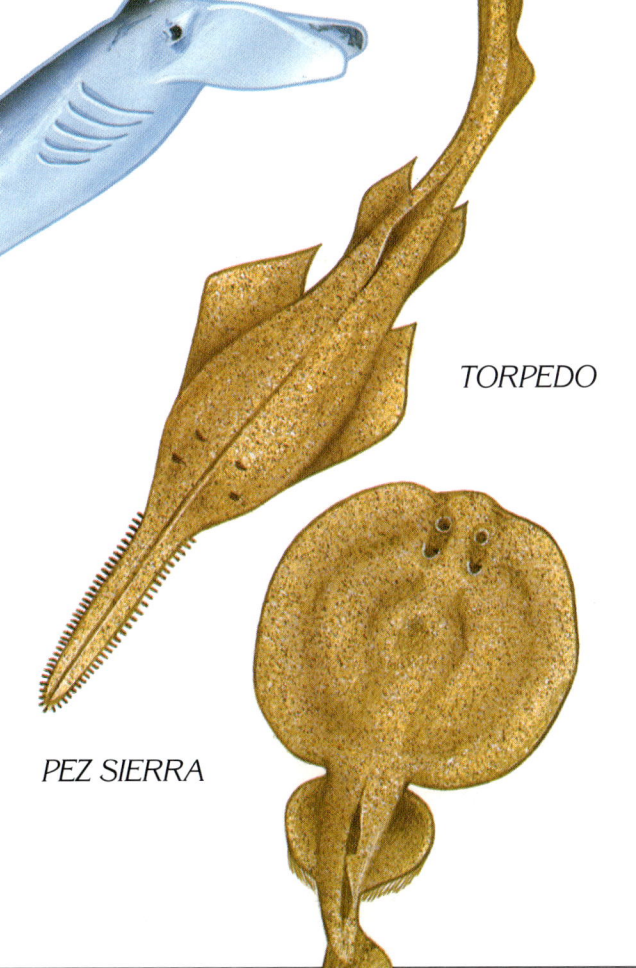

PEZ SIERRA

TORPEDO

# EL HOMBRE Y EL TIBURÓN

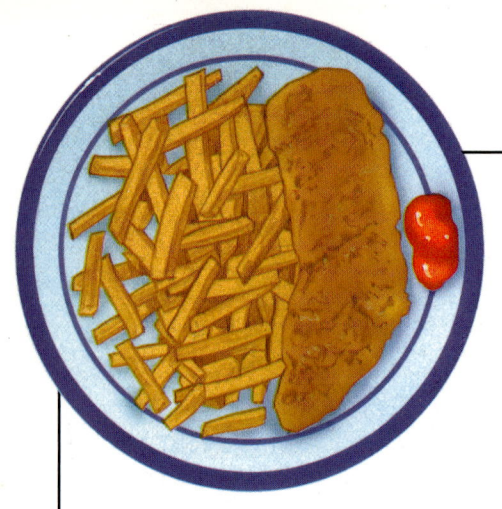

De una u otra forma, los tiburones son apreciados en todo el mundo. Capturamos tiburones para aprovechar su carne, su piel, sus dientes, sus aletas, e incluso su hígado. Los tiburones nos proporcionan carne para comer, piel para artículos de marroquinería, dientes para joyas y adornos, y aceite para fabricar cremas, lápices de labios y píldoras. La pesca del tiburón es un deporte muy popular en el Caribe y en las costas de Australia y Norteamérica.

### Comida
Los chinos hacen una sopa especial con aletas secas de tiburón. En muchos lugares del mundo la carne de tiburón se come. En Inglaterra, en las famosas tiendas *«fish and chips»*, la carne de tiburón bruja (arriba) se come frita, con patatas.

*Sopa de ALETA DE TIBURÓN*

*El morro de los AVIONES DE COMBATE se suele pintar como si fuera la boca de un tiburón, para hacerlos más terroríficos.*

### Tiburones y medicina
En la Antigüedad, los romanos frotaban los dientes de los niños con sesos de tiburón para aliviarles el dolor. Los científicos han descubierto que los tiburones casi nunca tienen cáncer. Hoy mueren en el mundo más de 5 millones de personas al año por esta enfermedad. La investigación de los tiburones puede ser definitiva para encontrar la curación.

### Enemigos de los tiburones

El hombre es uno de los mayores enemigos del tiburón. Lo caza por deporte o por su carne y su aceite. De seguir matando tiburones, algunas especies desaparecerán. Los delfines y las marsopas también son enemigos de estos animales, porque los atacan y muchas veces los vencen.

### Productos sacados del tiburón

Con la piel del tiburón se fabrican, desde botas y cinturones, hasta empuñaduras de espadas y cajas de marroquinería. Para ello, la piel se seca y se curte, haciéndola más blanda. La piel áspera del tiburón se llama zapa y se utiliza para pulir madera y piedras preciosas. Muchos japoneses toman pastillas de aceite de tiburón para prevenir los ataques de corazón y el cáncer. El aceite, extraído del hígado del tiburón, es rico en vitamina A. Pero esta vitamina también se puede fabricar artificialmente, sin necesidad de matar tiburones.

*Muchos COSMÉTICOS, como las cremas antiarrugas y los lápices de labios, contienen aceite de tiburón.*

# FAMILIAS DE TIBURONES

Hay más de 350 familias distintas de tiburones. Los científicos dividen los tiburones en varios grupos. Todos los que pertenecen al mismo se parecen en algo. Por ejemplo, el tiburón blanco, el marrajo y el cailón pertenecen a la familia de los lámnidos o marrajos.

También podemos agrupar a los tiburones según otras características, como el lugar donde viven, su aspecto o la forma de nadar. Todos los que viven en aguas profundas pertenecen a un mismo grupo y los que nadan muy deprisa pertenecen a otro.

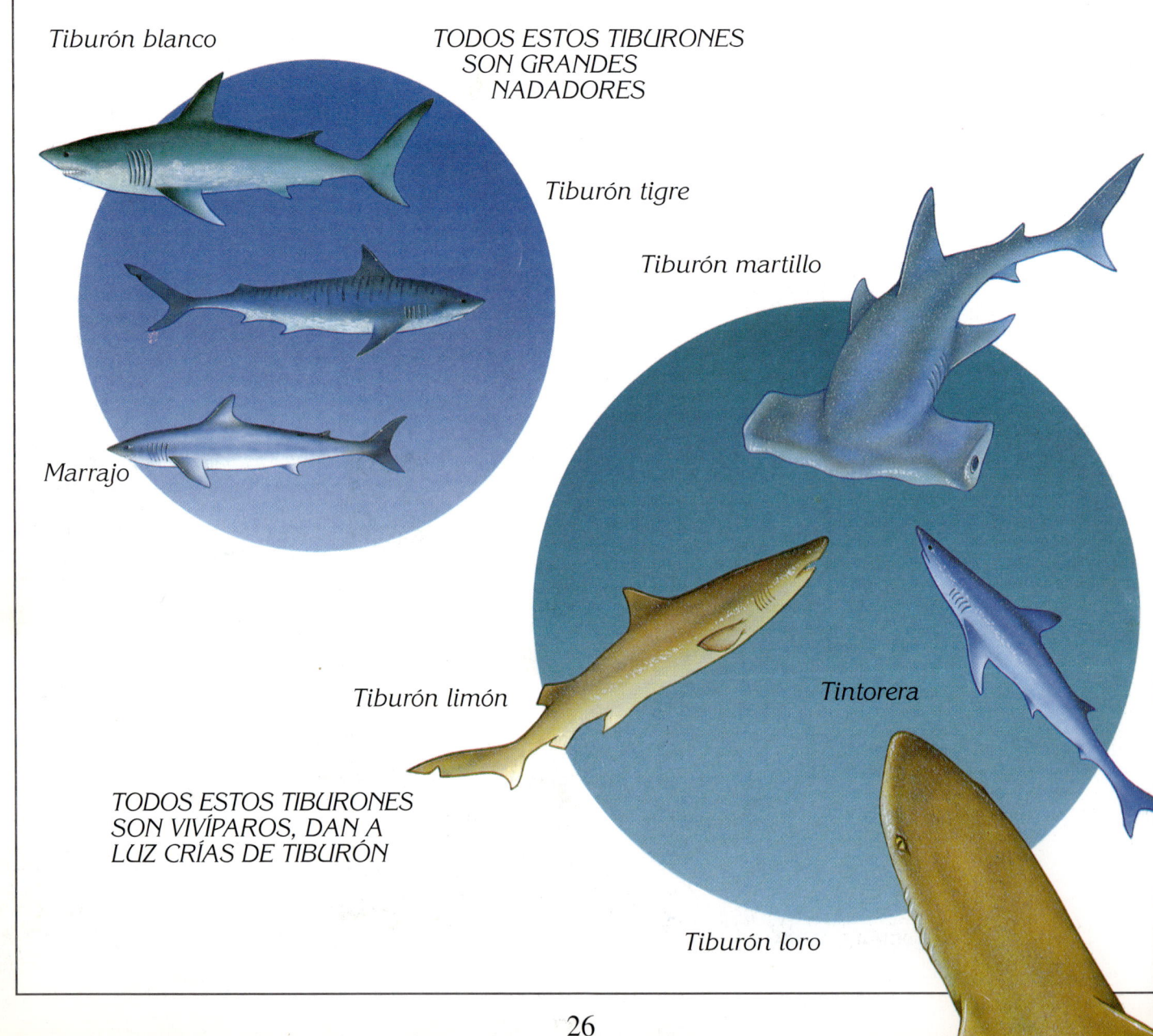

*Tiburón blanco*

TODOS ESTOS TIBURONES SON GRANDES NADADORES

*Tiburón tigre*

*Tiburón martillo*

*Marrajo*

*Tiburón limón*

*Tintorera*

TODOS ESTOS TIBURONES SON VIVÍPAROS, DAN A LUZ CRÍAS DE TIBURÓN

*Tiburón loro*

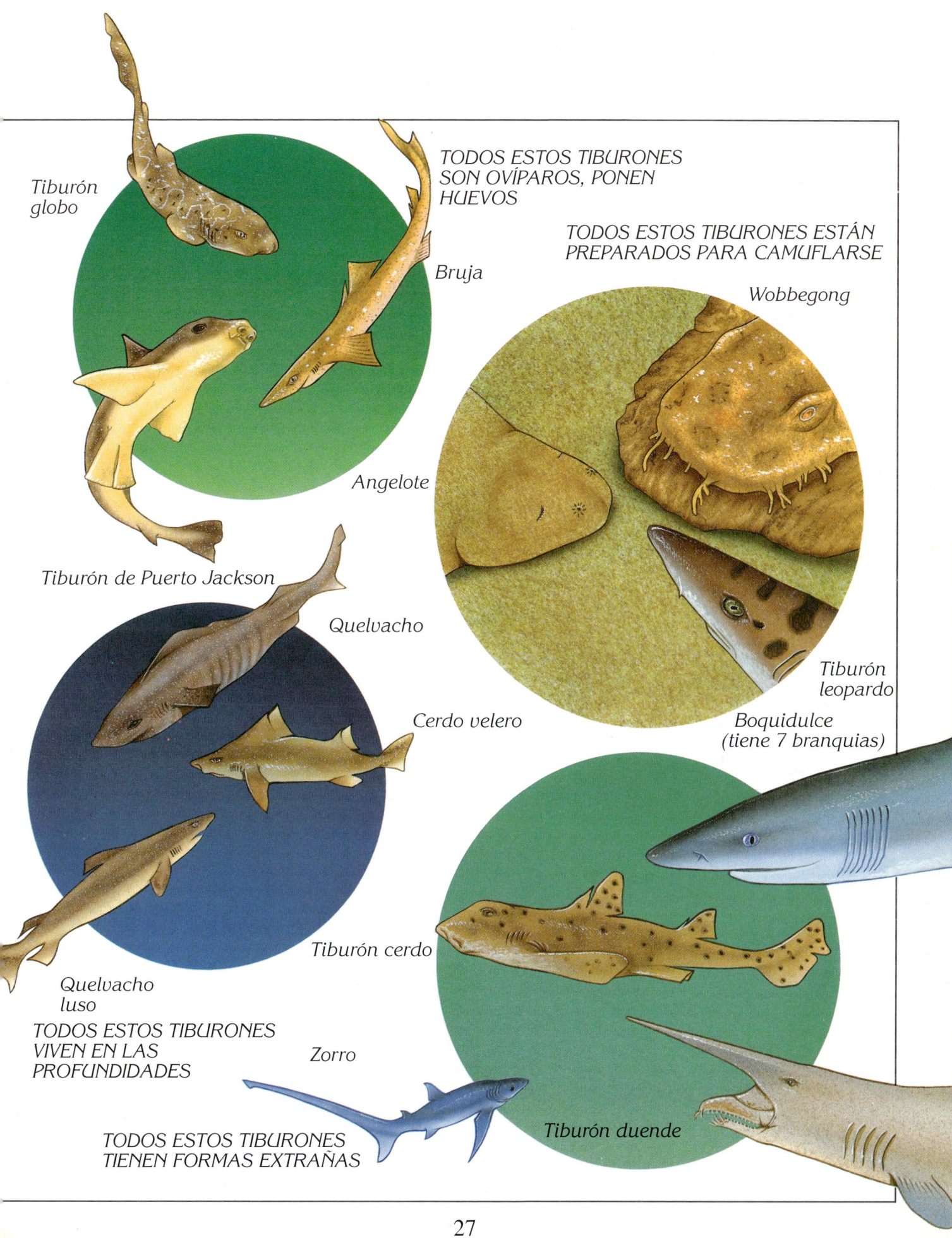

# CONCURSO DE TIBURONES

¿Cuánto sabes acerca de los tiburones? ¿Te acuerdas de qué tiburones brillan en la oscuridad? ¿Y cuál ha aparecido en un río a cientos de kilómetros del mar? Aquí tienes un concurso de tiburones para comprobar cuánto has aprendido. Las ilustraciones te servirán de ayuda para contestar correctamente a las preguntas. Puedes hacerle la prueba a algún compañero tuyo o a algún miembro de tu familia. Podrás encontrar todas las respuestas en las páginas de este libro. ¡Buena suerte!

*¿QUÉ TIBURONES TIENEN ALIMENTACIÓN FILTRANTE?*

*¿CÓMO SE LLAMA UNA LÍNEA ESPECIAL QUE LOS TIBURONES TIENEN A LOS LADOS?*

*¿QUÉ TIBURÓN TIENE UN CUERNO PUNTIAGUDO?*

*¿QUÉ TIBURÓN PARECE UN MANOJO DE ALGAS?*

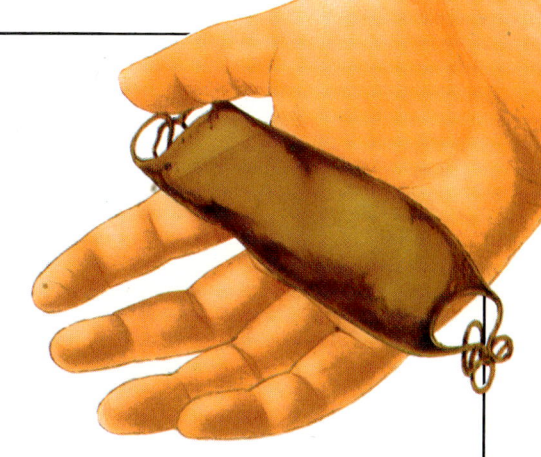

¿QUÉ ES UN
BOLSO DE SIRENA?

¿CÓMO SE LLAMA UN PARIENTE
DEL TIBURÓN QUE PARECE
QUE VUELA EN EL AGUA?

¿A QUÉ PEZ LE GUSTA
SUJETARSE A LOS TIBURONES?

¿QUÉ TIBURONES SE LLAMAN
COMO OTROS ANIMALES?

¿QUÉ SON LOS BARBILLONES?

SI VAS A INGLATERRA, ¿QUÉ
TIBURÓN TE PUEDES COMER
CON PATATAS FRITAS?

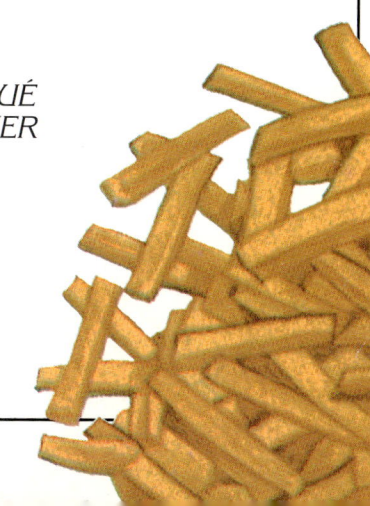

# MÁS HECHOS ASOMBROSOS

El PITILLO da mordiscos circulares, haciendo heridas en forma de cráter a sus víctimas.

Antiguamente, los marineros ataban una COLA DE TIBURÓN a los barcos, para que les diera buena suerte.

Durante la segunda guerra mundial, los japoneses utilizaron ACEITE DE TIBURÓN en los motores de los aviones de combate.

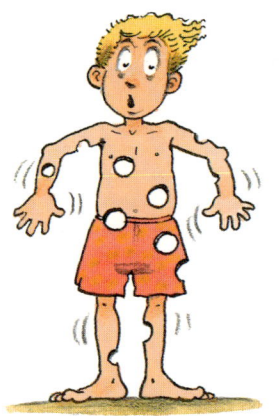

Un PEREGRINO puede filtrar 9.000 litros de agua en una sola hora.

Cuando el JAQUETÓN está asustado nada dibujando ochos.

Algunas TRIBUS AFRICANAS guardan sus espadas en fundas hechas con piel de tiburón.

En los COCOTEROS de Samoa, una isla del Pacífico, se cuelgan muñecos con forma de tiburón, para proteger los frutos.

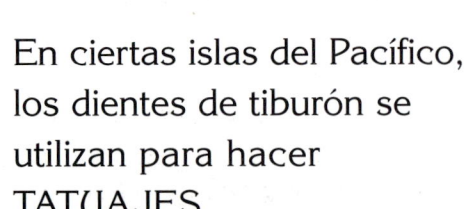

En ciertas islas del Pacífico, los dientes de tiburón se utilizan para hacer TATUAJES.

# GLOSARIO

**AERODINÁMICA:** forma adecuada para moverse más fácilmente, en este caso, por el agua.

**AGUIJÓN:** especie de aguja o espina dura y puntiaguda que tienen algunos peces, como la raya, y que puede ser venenosa.

**ALETA:** parte del cuerpo del pez que le sirve para moverse y girar por el agua, o para mantener el equilibrio.

**ALIMENTACIÓN FILTRANTE:** tipo de alimentación marina consistente en extraer del agua las partículas minúsculas de plantas y animales.

**BARBILLONES:** especie de bigotes situados en la nariz o en las mandíbulas de los tiburones.

**BRANQUIAS:** especie de placas con forma de pluma, situadas en la garganta del pez o tiburón, con las que extraen el oxígeno del agua.

**CAMADA:** conjunto de crías que nacen cuando una hembra da a luz.

**CAMUFLAJE:** forma o color apropiados para confundirse fácilmente con el entorno.

**CARTÍLAGO:** tejido resistente y flexible que forma el esqueleto de los tiburones, las rayas y los torpedos.

**CRÍA:** tiburón recién nacido.

**DENTÍCULOS:** especie de escamas, con puntas salientes muy duras, que cubren la piel de los tiburones.

**DORSAL:** relativo a la espalda, por ejemplo, aleta dorsal.

**FÓSIL:** resto de plantas o animales que vivieron hace miles, e incluso millones, de años.

**LÍNEA LATERAL:** línea situada a los lados del cuerpo del tiburón que le sirve para detectar los movimientos que se producen en el agua.

**PECTORAL:** relativo al pecho, por ejemplo, aleta pectoral.

**PLANCTON:** plantas y animales muy pequeños, casi invisibles, presentes en el agua del mar.

**PORO:** orificio pequeño de la piel.

**VEJIGA NATATORIA:** especie de bolsa parecida a un globo, situada dentro del cuerpo de los peces óseos. Les sirve para flotar en el agua.

# ÍNDICE

**A**
aerodinámica 6, 7, 31
aguijón de las rayas 23
aletas 7, 31
alimentación 13
alimentación filtrante 13
angelote 11, 18, 19
apareamiento 14
ataques de tiburones 17

**B**
barbillones 10, 31
bolsos de sirena 15
boquiancho 12, 21
branquias 11, 31
bruja 4, 14, 20

**C**
cailón 5
camuflaje 19, 21, 31
cornuda 8, 20
crías 14, 15, 31

**D**
dentículos 6, 31
dientes 12

**E**
esqueleto 6

**F**
fósiles 22, 31
«frenesí de la comida» 13

**H**
huevos 14, 15

**J**
jaquetón 17, 20, 30
jaquetón toro 9, 17
jaquetón de las Galápagos 17

**L**
línea lateral 10, 31

**M**
marrajo 5, 7, 26
medicina 24
megalodón 22
musola barbuda 10

**N,**
nodriza 8, 10, 18, 20, 21

**O**
olayo 4, 5, 11

**P**
peces guía 11
pez sierra 23
peregrino 4, 8, 18, 19, 30
pitillo 20, 30
plancton 12, 22, 31

**R**
rayas 22, 23
rémora 11

**T**
tiburón anguila 20
tiburón ballena 4, 5, 18, 19
tiburón blanco 5, 11, 16, 17, 26
tiburón boquiancho 12, 21
tiburón cailón 5
tiburón duende 21
tiburón de noche 9
tiburón globo 8, 15, 19, 21
tiburón leopardo 4, 5, 11
tiburón limón 5, 15
tiburón martillo 5, 8, 10, 15, 20
tiburón nodriza 8, 10, 18, 20, 21
tiburón nodriza australiano 10, 21
tiburón de Puerto Jackson 12, 15, 20
tiburón tigre 8, 13, 17
tintorera 5, 8
tollo lucero 4, 20
tollo pigmeo 4
torpedos 22, 23

**V**
vejiga natatoria 6, 31

**W**
*Wobbegong* 21

**Z**
zapa 25